# Change Management, Strategieimplementierung, Balanced Scorecard und Unternehmensethik im Rahmen der strategischen Unternehmensführung

**Bibliografische Information der Deutschen Nationalbibliothek:**

Die Deutsche Nationalbibliothek verzeichnet diese Publikation in der
Deutschen Nationalbibliografie; detaillierte bibliografische Daten sind
im Internet über http://dnb.d-nb.de abrufbar.

ISBN: 9783346314864
Dieses Buch ist auch als E-Book erhältlich.

Druck und Bindung: Books on Demand GmbH, Norderstedt Germany
Gedruckt auf säurefreiem Papier aus verantwortungsvollen Quellen

Das vorliegende Werk wurde sorgfältig erarbeitet. Dennoch
übernehmen Autoren und Verlag für die Richtigkeit von Angaben,
Hinweisen, Links und Ratschlägen sowie eventuelle Druckfehler keine
Haftung.

Das Buch bei GRIN: https://www.grin.com/document/962750

Deutsche Hochschule für
Prävention und Gesundheitsmanagement
Hermann Neuberger Sportschule 3
66123 Saarbrücken

# Einsendeaufgabe

| | |
|---|---|
| **Fachmodul:** | Strategische Unternehmensführung II |
| **Studiengang:** | Master Prävention und Gesundheitsmanagement |
| **Datum** **Präsenzphase:** | 25.05. – 28.05.2020 |
| **Studienort:** | **Köln** |
| **Semester:** | **1** |

# Inhaltsverzeichnis

# 1 Bodo Müllers Plan

Weltweit vergrößert sich seit Jahren der Markt der Gesundheitsindustrie. (Bundesgesundheitsministerium, 2018)

Neben den USA und Japan, ist Deutschland auf dem Markt für medizinische Geräte, der drittgrößte Player.

Ein Schlüsselunternehmen in diesem Kontext ist die Gesundheits- und Medizintechnik AG. Das Unternehmen ist einer der größten und wichtigsten Lieferanten der Gesundheitsindustrie. Der Marktanateil in Deutschland liegt bei ca. 30% in den wichtigsten Produktkategorien.

Die Gesundheits- und Medizintechnik AG ist unterteilt in sieben unabhängige Unternehmenseinheiten. Jede Unternehmenseinheiten ist für eine einzelne Produktlinie verantwortlich (bspw. Ultraschall, Zubehör, Nuklearmedizin etc.).

Übergeordnet wurden das Marketing und der Vertrieb jeder Unternehmenseinheit bisher an die Bedürfnisse der Krankenhausärzte angepasst.

Bodo Müller, der Marketing Direktor der Abteilung Vertrieb, möchte dies nun ändern.

Sein Änderungswunsch beruht auf seiner Beobachtungen der aktuellen Veränderung des deutschen Marktes, sowie einer Veränderung des Kaufverhaltens auf diesem.

Daher schlägt er vor, dass das Marketing und der Verkauf zukünftig mehr auf die Bedürfnisse des C-Levels (CEO, CFO, etc.) ausgerichtet werden sollen.

Durch diese Form des Marketings ist es möglich, ein ganzheitliches Produkt anzubieten, welches alle sieben Produktlinien umfasst.

## 1.1 Gründe für den Wandel

Bodo Müller sieht verschiedene Gründe dafür, dass ein Wandel bzw. eine Veränderung in der Marketingstrategie des Unternehmens erforderlich ist.

Ein großes Problem besteht, wie bereits kurz angerissen, in dem sich wandelnden Einkaufsverhalten im Gesundheitswesen.

In der Vergangenheit wurde der Einkauf durch die Krankenhausärzte durchgeführt. Die Investitionsentscheidungen verlagern sich hin zur Krankenhausadministration und der Einkaufsabteilung. Die Kaufentscheidung folgt nun mehr ökonomischen Gesichtspunkten. Hierauf müsse sich laut Meinung von Bodo Müller angepasst werden.

Die Positionierung des Unternehmens auf dem Markt ist ein weiterer Grund, den Müller für seinen geplanten Strategiewandel anführt. Der aktuelle Markt sieht die Gesundheits- und Medizintechnik AG als technologie- und ingenieurorientiert. Dieses Image half dem Unternehmen in der Vergangenheit, da sich das Marketing, wie oben beschrieben, an die Krankenhausärzte der jeweiligen Klinikabteilung richtete. Der Wandel zum Krankenhausmanagement als Entscheider führt dazu, dass die Gesundheits- und Medizintechnik AG sich nun als Unternehmen mit einer ganzheitlichen Lösung vermarkten muss. Für die C-Level Entscheider in der Klinik ist eine ganzheitliche Lösung wichtig, die effizienzsteigernd und ressourcenschonend ist.

Die politische Situation ist ein dritter Grund, den Müller anführt. Geringe Investitionen des Staates in das Gesundheitssystem führen dazu, dass Krankenhäuser den Fokus darauf setzen, bestehende Geräte instandzuhalten, statt neue Geräte anzuschaffen.

## 1.2 Aspekte des Strategiewandels

Change Management beschreibt das planvolle Management von Veränderungsprozessen von einem Ausgangszustand hin zu einem Zielzustand.
In der Gesundheits- und Medizintechnik AG treibt Bodo Müller das Changemanagement an. Sein erster Schritt, um die strategische Ausrichtung des Marketing und Verkaufs zu ändern, ist die vierteljährliche Sitzung des Marketingteams.
Auf dieser präsentiert er seine Ideen den Vizepräsidenten (Marketing VPs) und versuchte sie von seinem Plan zu überzeugen.
Er veranschaulicht und visualisiert seine Beobachtungen und geht dabei verstärkt auf die Herausforderungen des C-Level Managements ein. Mit der bisherigen Strategie mangelt es seiner Ansicht nach an Zusatznutzen für die Kunden, welchen die Gesundheits- und Medizintechnik AG aktuell nicht liefern könne.
Im Rahmen der neuen Strategie sollten die Inhalte, die den Kunden geliefert werden neu angepasst und formuliert werden. Zu diesem Zweck möchte Müller ein kleines, geschäftsbereichübergreifendes Projekt ins Leben rufen. Im Rahmen des Projekts sollen Ideen für das „C-Level Marketing" erarbeitet werden. Müller erhofft sich so, den Schwung aus dem Meeting mitnehmen zu können.
Als dritte Maßnahme rief Müller eine Arbeitsgruppe ins Leben, die aus Vertretern der verschiedenen Geschäftseinheiten besetzt ist und lud diese zum Kick-Off Meeting ein.

## 1.3 Barrieren und Widerstände

Die Implementierung der neuen Unternehmensstrategie im Marketing und Verkauf birgt Gefahren, dass diese durch aufkommende Widerstände nicht umgesetzt werden kann.

Die Idee von Bodo Müller, eine neue Strategie im Unternehmen zu implementieren ist ein Prozess, der es erfordert, die Verhaltensweisen, Macht-, sowie Denkstrukturen aufzubrechen.

Im Fall der Gesundheits- und Medizintechnik AG könnten folgende Widerstände oder Barrieren der Grund für das Scheitern sein:

- Ein mögliches Hindernis ist die unterschiedliche Bewertung der Lage. Zwar kann Bodo Müller seine Beobachtungen verständlich wiedergeben, dennoch ist es möglich, dass die Marketing VPs andere Beobachtungen gemacht haben und diese ebenfalls belegen könnten. Eine andere Beobachtung/Meinung könnte dazu führen, dass die neue Strategie abgelehnt wird. Auch könnten andere Themen als wichtiger angesehen werden.

- In der Gesundheits- und Medizintechnik AG sind aufgrund der Strukturen die eigenen Interessen der Marketing VPs ein zweiter möglicher Konfliktpunkt. Eine Neuausrichtung zu einer gesamtheitlichen Lösung könnte zur Folge haben, dass die Marketing VPs ihre Position in ihrer Abteilung verlieren und die Machtverhältnisse verschoben werden. Die Marketing VPs würden ihre eigenen Interessen über die des Unternehmens stellen. Im Umkehrschluss braucht Müller die Unterstützung aller sieben Unternehmenseinheiten, damit sein Plan eine gute Erfolgschance hat.

- Die emotionale Ebene könnte ebenfalls ein Hindernis dargestellt haben. Bodo Müller gelang es die rationalen Fakten rüberzubringen, doch ihm gelang es nicht, die Marketing VPs emotional von seinem Plan zu überzeugen. Beide Ebenen müssen angesprochen werden, damit die neue Strategie von allen verfolgt wird.

- Die Unternehmenskultur könnte Müllers Plan ebenfalls verhindern. Die Mitarbeiter des Unternehmens sind an die festgefahrenen Strukturen und Machtverhältnisse gewöhnt. Eine neue Strategie würde diese Ordnung zerstören und Comfort-Zone und Sicherheit der Mitarbeiter würde nicht mehr existieren. Es ist gut möglich, dass viele Mitarbeiter der neuen Strategie aus diesem Grund nicht folgen.

# 2    Change Management

## 2.1  Gründe für Scheitern

Aus dem 8-Stufen Modell von John Kotter leiten sich 8 Einflussfaktoren ab, welche für das Scheitern einer Veränderung verantwortlich sein können (Reisinger et al, 2013). Die 8-Stufen, die einer Veränderung im Weg stehen können, sehen wie folgt aus:

1) Zu viel Selbstgefälligkeit
2) Keine auseichend starke Erneuerungs-/Führungskoalition
3) Die Kraft der Vision wird unterschätzt
4) Mangelnde Kommunikation der Vision
5) Zulassen, dass Hindernisse die neue Vision blockieren
6) Die Unfähigkeit, schnell Erfolge zu erzielen
7) Zu früh den Sieg erklären
8) Kultur bleibt unverändert

Bodo Müller gelingt es nicht, die Hindernisse, die sich aus dem Modell ergeben, aus dem Weg zu räumen und zu seinem Nutzen zu machen.

Grund 1: Zu viel Selbstgefälligkeit:
In seiner Präsentation für die Marketing VPs gelang es Bodo Müller nicht, die Dringlichkeit des Handelns aufzuzeigen. Zwar „illustrierte er seine Vorstellungen mit Tabellen und Grafiken" und „Veranschaulichte die Herausforderungen seiner C-Level Kunden" und erwähnte auch, dass man diesen Kunden aktuell keinen „Zusatznutzen" liefern könne. Die Gesundheits- und Medizintechnik AG stellt aber zum Zeitpunkt der Präsentation ein Unternehmen mit einer „guten wirtschaftlichen Lage" da, so dass für die Marketing VPs kein akuter Handlungsbedarf besteht. Das Thema hat keinen hohen Stellenwert bei den VPs, somit räumen sie der neuen Strategie kein Marketing-Budget ein.

Grund 2: Keine ausreichend starke Erneuerungs-/Führungskoalition:
Müller schafft es im Rahmen des Meetings nicht, eine Führungskoalition aufzubauen, die den Wandel unterstützt und vorantreibt. Müller hätte direkt Verantwortliche bestimmen können, die sich um die folgenden Schritte kümmern. Auch hätte er das Top-Management der Gesundheits- und Medizintechnik AG in seiner Strategie berücksichtigen können, um dem Plan Nachdruck zu verleihen. So plant Müller die nachfolgende Kick-Off Veranstaltung alleine und erhält keinerlei Unterstützung.

Grund 3: Die Kraft der Vision wird unterschätzt:

Es fehlt eine klare Vision, dem das Unternehmen mit der neuen Strategie folgt. Müller nutzte in seiner Präsentation lediglich „Tabellen und Grafiken" und stellte „Herausforderungen" in den Vordergrund, die entstehen. Es gibt keine Zielvision, welche man mit der neuen Strategie folgt. Weder formuliert er einen finanziellen Nutzen/Mehrwert für das Unternehmen, noch schafft er es, die Marketing VPs emotional von seiner Strategie/Vision zu überzeugen.

Grund 4: Die Unfähigkeit, schnelle Erfolge zu erzielen:

Der vierte Grund für das Scheitern von Müllers Strategie ist es, keine kurzfristigen Erfolge aufzeigen und aufweisen zu können. Für seinen Plan müssen alle Marketing VPs aus ihrem Budget vorinvestieren, es kann aber kein kurzfristiger Nutzen formuliert werden für die einzelnen VPs, die sie zum Bereitstellen des Budgets veranlassen.

Auch gelingt es Müller nicht, im 3-monatigen Zeitraum bis zum nächsten Marketing-Meeting Erfolge aufzuzeigen. Er bringt abermals seine Argumente vor, kann aber weiterhin keinen Nutzen oder Zwischenerfolge liefern. Diese Tatsache führt dazu, dass die Marketing VPs die neue Strategie ablehnen.

## 2.2 Veränderung meistern

Im Rahmen des 8-Stufen Modells von Kotter gibt es Beschleuniger, welche zu einem erfolgreichen Wandel beitragen können. Die 8 Einflussfaktoren bilden ein Vorgehen für einen Wandel in Organisationen und helfen, diesen erfolgreich zu gestalten.

Im Folgenden wird beschrieben, wie er diese hätte nutzen können, um die Marketing VPs von seiner Strategie zu überzeugen:

1: Gefühl der Dringlichkeit wecken:

Er hätte im Rahmen seiner Präsentation deutlich stärker auf die Dringlichkeit des Themas hinweisen müssen. Seine beobachtete Entwicklung in der Branche und den aufgezeigten Zahlen dazu müsste ein Ausblick beigefügt werden, welcher die Chancen in der Branche aufzeigt. Ein positiver Nutzen im Hinblick auf Umsatz und Marktanteil und eventuell ein Anreiz für jeden einzelnen Marketing VP hätte die Erfolgschancen deutlich erhöht.

## 2: Ein leistungsstarkes Team zusammenstellen:

Um die Phasen der Veränderung anzugehen, hätte Müller ein Team gebraucht, welches die Vision ebenfalls verfolgt und mitgestaltet. Er hätte klare Positionen verteilen können und die VPs in die Verantwortung nehmen können. Die Einbeziehung des Top-Managements der Gesundheits- und Medizintechnik AG hätte sich ebenfalls positiv auf die Umsetzung auswirken können.

## 3: Entwickeln einer klaren Zielvorstellung und einer Strategie für Veränderung:

Müllers Strategie muss eine klare Zielvorstellung enthalten, nach der gestrebt werden kann. Die Vision muss einen Mehrwert für die agierenden Personen bieten, um deren Motivation zu steigern. Wie bereits erwähnt müssen neben den sachlichen Fakten eine Vision entstehen müssen, die die Mitstreiter emotional anspricht. So hätte beispielsweise als Ziel ausgerufen werden können, das erfolgreichste C-Level Marketing in Deutschlands Gesundheitssektor zu praktizieren.

## 4: Die Vision gut kommunizieren und für Verständnis und Akzeptanz sorgen:

Müllers muss eine klare Vision aufzeigen können und diese mit Leben füllen. Eine Unterstützung des gesamten Top-Managements des Unternehmens hätte für deutlich mehr Akzeptanz gesorgt, als ein von ihm alleine initiierter Wandel. Das Verständnis muss durch klare Fakten geschaffen werden, die den zukünftigen Wettbewerbsvorteil der Strategie aufzeigen und in einer angestrebten Vision endet

.

## 5: Handlungsfreiräume sichern und Hindernisse aus dem Weg räumen:

Im Rahmen der Strategievorstellung wäre es von Vorteil gewesen, im Plenum über Müllers Plan zu diskutieren und eventuelle Bedenken vor Ort auszuräumen. Durch eine klare Strategie hätten die Marketing VPs befähigt werden müssen, im Anschluss an das Meeting sofort zu handeln und zur Umsetzung beizutragen. Sie waren zwar im ersten Moment überzeugt von Müllers Plan, verloren diese aber im Anschluss und räumten anderen Themen mehr Priorität ein.

## 6: Für kurzfristige Erfolge sorgen:

Eine gute Strategie und Vision muss durch kurzfristig erreichbare Ziele ergänzt werden So könnten kleine Planungsabschnitte Teil der Strategie sein, die Müller seinen Kollegen präsentiert. Dies hätte dazu geführt, dass die Motivation und die Aussicht auf Erfolge die Umsetzung beschleunigen. Die kurzfristig erreichbaren Ziele haben im Optimalfall einen Mehrwert für die einzelnen Marketing VPs, so dass jeder persönlich etwas vom Erfolg hat.

<u>7: Nicht nachlassen, weitere Veränderungen einführen:</u>
Nach Abschluss des Meetings haben die sachlichen Argumente die Marketing VPs im ersten Schritt überzeugt. Im Anschluss hätte Müller regelmäßig hinter vorzeigbaren Ergebnissen her sein müssen und die Marketing VPs stets motivieren, den Weg weiter mitzugehen. Die 3-monatige Phase bis zum nächsten Meeting, welches keine neuen Ergebnisse bringt, ist zu lang und überzeugt die Kollegen nicht. Spätestens zu diesem Zeitpunkt hätte Müller mehr vorbringen müssen, als ein erneutes Aufzählen seiner Argumente.

<u>8: Entwickeln und Verändern einer neuen Kultur:</u>
Ein Kulturwandel ist aufgrund des sich wandelnden Marktes notwendig. Die Innovation des Unternehmens muss in den Werten verankert werden und jeder Mitarbeiter muss zukünftig nach Veränderung und Anpassung an die neue Lage streben. Die neue ganzheitliche Lösung, die das C-Level Marketing bedient, ist Ausgangspunkt des Wertewandels im Unternehmen und soll den Weg in eine erfolgreiche Zukunft sichern.

# 3 Strategieimplementierung

Bodo Müller konnte nun die Marketing VPs, sowie den CEO der Gesundheits- und Medizintechnik AG von seinem Plan überzeugen. Die Strategie, um den geplanten Wandel zu vollziehen, soll nun implementiert werden.
Im Allgemeinen umfasst die Strategieimplementierung umfasst sowohl sach- als auch verhaltensbezogene Aufgaben zur Durchsetzung und Umsetzung der Maßnahme (Welge & Al Laham, 2008, S.793).

## 3.1 Durchführung

In diesem Abschnitt werden die verhaltensbezogenen Aufgaben zur Durchsetzung der Strategie betrachtet. Hierdurch soll die Akzeptanz der Mitarbeiter für die neue Strategie gewonnen werden.
Die vorherigen Strukturen sollen aufgebrochen und neue Verhaltensweisen in den Unternehmensalltag integriert werden. Hierbei können Widerstände gegen die Verände-

rung auftreten, so dass Bodo Müller Durchsetzungsstrategien einsetzen kann, die dies verhindern sollen.

Die neue Strategie von Herr Müller sieht vor, dass in Zukunft das Marketing an die C-Level Bedürfnisse angepasst wird und ganzheitliche Lösungen angeboten werden.

Positiv ist hervorzuheben, dass Müller bereits die Marketing VPs der einzelnen Teilbereiche, sowie den CEO der Organisation von den Plänen überzeugt hat.

Um auch die Mitarbeiter zu überzeugen, bietet sich ein Kick-Off Workshop an, in dem die Mitarbeiter jedes Unternehmensbereichs die neuen Pläne vorgestellt bekommen. Hier ist eine gute und offene Kommunikation wichtig, um Bedenken und Sorgen bereits in der frühen Phase klären zu können. Der Workshop sollte auch die jeweiligen Vorteile der neuen Strategie klar aufzeigen und die Mitarbeiter sollten angehalten werden, selbst den Wandel mitzugestalten und Ideen einzubringen. Hierdurch wird die Motivation gesteigert, selbst Teil der Veränderung zu sein.

Im Anschluss an die Kick-Off Veranstaltungen sollte die zweite Maßnahme eine Einrichtung von wöchentlichen Teamsitzungen sein. Hier wird über den Fortschritt informiert und die Mitarbeiter können ihre Ideen einbringen. Die Unternehmenskultur der hohen Mitarbeiterorientierung wird so beibehalten und Bedenken können zeitnah besprochen und ausgeräumt werden. Auf den Teamsitzungen sollte das Miteinander gefördert werden und zum regelmäßigen Austausch untereinander animiert werden.

Es könnte ebenfalls zusammen ein Leitspruch oder ein Leitbild entwickelt werden, an dem sich die Mitarbeiter orientieren können.

In der Phase der Durchsetzung ist es wichtig, allen Mitarbeitern die Strategie verständlich zu erklären und so die Bedenken auszuräumen und Widerständen vorzubeugen.

Darüber hinaus nimmt die Implementierung eines Konfliktmanagements eine wichtige Rolle ein. Bei der Strategie werden die aktuellen Machtverhältnisse verändert, was zu Problemen führen kann. Es sollte genau definiert werden, wie mit Konflikten umgegangen wird. Klare Definitionen von Ziel, Vision auf der Verteilung der Aufgaben sollten klar geregelt sein. Bei Interessenskonflikten können Lösungen gesucht werden, welche die Interessen aller möglichst verbinden, um eine Win-Win Situation herzustellen.

## 3.2 Umsetzung

In der Umsetzung liegt die Konzentration auf den sachbezogenen Aufgaben, welche für eine erfolgreiche Strategieimplementierung wichtig sind.

Diese Phase soll zielgerichtet sein und eine problemlose Durchführung der Strategie garantieren.

Hierfür unterteilen Haake & Seiler (2012) die Phase der Umsetzung in die Etappe der Transformation, der Anpassung, sowie der Motivierung und Mobilisierung.

In der Transformationsphase muss Herr Müller für die Strategie sinnvolle Einzelaufgaben und sachbezogene Aufgaben festlegen.

Im Rahmen der Strategievorstellung sollte gemeinsam mit den Marketing VPs ein Metaplan erstellt werden, welcher klare Vorgaben der Verantwortlichkeiten enthält. Diesem Plan sind auch die chronologische Abfolge der zu erledigenden Aufgaben, sowie die Priorität dieser zu entnehmen. Durch die klare Definition der Zuständigkeiten, sowie fixer Endzeiten für einzelne Aufgaben ist sichergestellt, dass jeder seine zu erledigenden Aufgaben im Rahmen der Strategie umsetzt. Zu beachten ist, dass das Unternehmen die Verantwortung auf viele Schultern verteilt. So kann Müller sicherstellen, dass keiner der Mitstreiter zu viele Aufgaben erhält und diese nicht zufriedenstellend erledigen kann. Ein weiterer positiver Effekt entsteht dadurch, dass die Beteiligten die neue Strategie im Unternehmen selbst am Besten vorleben.

Die zweite Etappe der Anpassung zielt darauf ab, die Strukturen im Unternehmen der neuen Strategie anzupassen. Auch die Unternehmenskultur muss in dieser Phase untersucht und ein Vergleich zwischen Ist-Soll Zustand erstellt werden.

Im Fall der Gesundheits- und Medizintechnik AG ist eine Anpassung der Unternehmenskultur nicht notwendig. Die Eigentümerkultur kann auch mit der neuen strategischen Ausrichtung beibehalten werden. Beispielsweise ist es auch innerhalb einer neuen Strategie von Vorteil, viele Mitarbeiteraktionäre unter den Angestellten zu haben, da dies die Identifikation und Motivation steigert.

Nachdem in der Anpassungsphase der Metaplan eine wichtige Maßnahme darstellt, ist es in der Anpassungsphase wichtig, das Management den neuen Strukturen anzupassen. In Zukunft soll im Unternehmen ein ganzheitliches Produkt vermarktet werden, so dass der Fokus auf das Marketing der einzelnen Bereiche entfällt. Müller muss hier Maßnahmen durchführen, welche seine Kollegen im Management motiviert, die neuen Strukturen mitzutragen. So könnte im Rahmen der Metaplanung jeder Marketing VP einen neuen Titel bekommen, der auf die einheitliche Strategie und die gemeinschaftliche Vermarktung der Produktlinie ausgerichtet ist. Ebenfalls ist es denkbar, die Marketing VPs zukünftig finanziell oder durch Unternehmensanteile zu beteiligen, wenn das neue C-Level Marketing wirtschaftlichen Erfolg und weiteres Wachstum bringt.

Nach dieser Phase ist sowohl ein Plan für die Umsetzung vorhanden, als auch die Unterstützung des Managements gesichert.

In der letzten Phase der Umsetzung steht die „Motivierung und Mobilisierung der Mitarbeiter" (Haake & Seiler, 2012, S.129 ff.) im Fokus. Der Erfolg der neuen Strategie hängt maßgeblich vom Einsatz der Mitarbeiter ab. Da es Einflussfaktoren geben kann, auf die das Management reagieren muss – hierzu gehören neben unerwarteten Problemen einer neuen Strategie auch kurzfristige Ergebnisse, welche noch keinen positiven Wandel zeigen. Dies kann dazu führen, dass die Mitarbeiter der neuen Strategie nicht mehr folgen wollen, oder es gar zu Widerständen gegen diese kommt.

Um dies schon von Beginn an zu verhindern, sollten präventive Maßnahmen getroffen werden. Bei der Gesundheits- und Medizintechnik AG könnte Müller ein Informationssystem einführen, welches die Mitarbeiter monatlich über die neuen Entwicklungen informiert. Dies kann über einen unternehmensinternen Newsletter geschehen, welcher monatlich an die Mitarbeiter geschickt wird. So ist es für jeden nachvollziehbar, welche kurzfristigen Ziele erreicht wurden, um die Enttäuschung unbefriedigender Ergebnisse zu vermeiden.

Auch könnte eine Maßnahme ergriffen werden, welche die langfristige Motivation der Mitarbeiter fördern soll. So besitzt das Unternehmen bereits viele „Mitarbeiteraktionäre" und möchte die Anzahl weiter steigern. Beim Erreichen von Meilensteinen könnte das Unternehmen die Mitarbeiter über Aktienanteile am Erfolg beteiligen. Hierdurch kann neben der Motivation auch die Identifikation der Mitarbeiter mit dem Unternehmen gesteigert werden.

# 4   Balanced Scorecard

Zur Strategieimplementierung bzw. zur strategischen Kontrolle kann überdies eine Balance Scorecard verwendet werden.

Die Unternehmensvision bildet die Grundlage für das Balanced Scorecard. Hieraus leiten sich die Strategien ab, die für die Zielerreichung notwendig sind. Müller-Stewens & Lechner (2011) definieren vier Ebenen: Die finanzielle Perspektive, die Perspektive der internen Geschäftsprozesse, die Perspektive des Lernen & Entwickelns, sowie die Kundenperspektive. Diese sind in der Ursache-Wirkungskette zu finden.

## 4.1 Ursache-Wirkungskette

Für die Gesundheits- und Medizintechnik AG kann folgende Ursache-Wirkungskette erstellt werden:

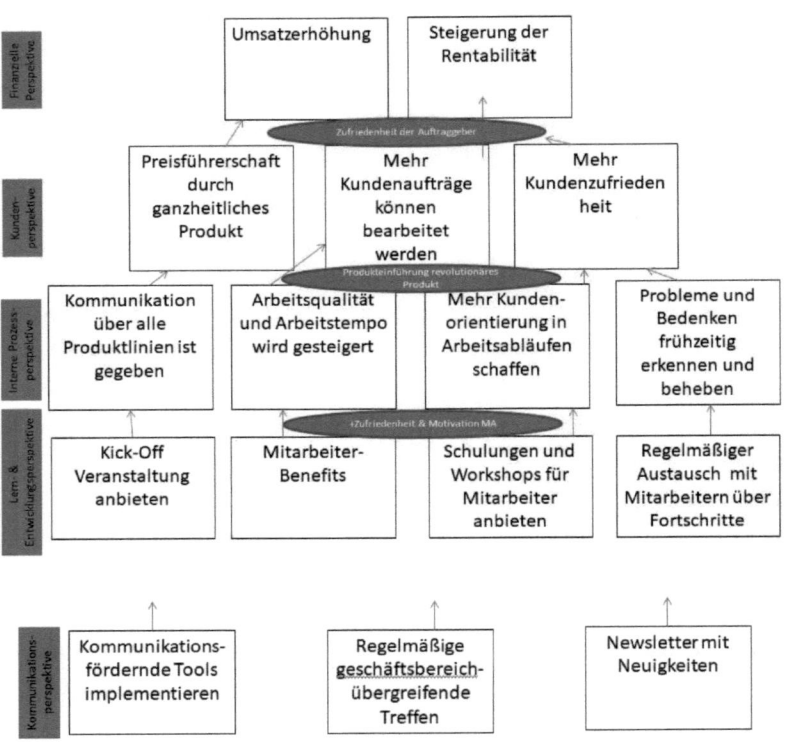

Abb.1: Ursache-Wirkungskette für die Gesundheits- und Medizintechnik AG (eigene Grafik)

## 4.2  Festlegung Ziele, Kennzahlen, Vorgaben und Maßnahmen

Nachdem die Vision, sowie die Ursache-Wirkungskette entwickelt wurde, werden nun bei der Balanced Scorecard „Ziele, Vorgabe, Maßnahmen und die dazugehörigen Budgetierungen festgelegt und bestimmt (Welge & Al-Laham, 2012, S. 834).

Zuerst wird die Kommunikationsperspektive betrachtet.

Ziel: Optimale Kommunikation auf allen Unternehmensebenen

Kennzahl: 20 Mitarbeiter in neues Kommunikationsteam aufnehmen

Vorgabe zur Kennzahl: Gleich viele Mitarbeiter aus jeder Hierarchieebene

Detaillierte Maßnahmenbeschreibung: Im Rahmen der neuen Strategie soll die Kommunikation im Unternehmen gestärkt werden. Dies ist notwendig, da die sieben Produktlinien zukünftig ganzheitlich vermarktet werden. Für dieses Vorhaben soll ein Team aus Mitarbeitern gebildet werden, welches sich regelmäßig trifft und über die aktuellen Fortschritte diskutiert und neue Ideen einbringt und bespricht. In das neue Team sollen 20 Mitarbeiter, wobei jede Hierarchieebene gleich oft vertreten sein soll. Durch diese Maßnahme wird die Akzeptanz unter allen Mitarbeitern für die neue Strategie gefördert. Zusätzlich ist es so gewährleistet, dass neue Ideen so in jeder Hierarchiestufe ankommen und jede Stufe an der Entwicklung von neuen Ideen beteiligt ist.

Im Rahmen der Lern- und Entwicklungsperspektive schauen wir auf eine Maßnahme, die darauf abzielt, allen Mitarbeitern die neue Strategie zu erläutern und zur Umsetzung dieser zu motivieren.

Ziel: Verständnis und Motivation der Mitarbeiter für die neue Strategie steigern

Kennzahl: 100% der Mitarbeiter

Vorgabe zur Kennzahl: Im ersten Quartal sollen 50% der Unternehmensmitarbeiter geschult worden sein, nach einem Halbjahr alle Mitarbeiter

Detaillierte Maßnahmenbeschreibung: Um ein Verständnis bei allen Mitarbeitern für die neue Strategie zu entwickeln, werden Workshops angeboten, die das notwendige Wissen für die neue Strategie vermitteln sollen. Mittels der Workshops sollen die Mitarbeiter motiviert werden, sich an der Umsetzung zu beteiligen. Das notwendige Fachwissen wird in diesem Rahmen vermittelt. Als Zeitraum hierfür soll ein Halbjahr zur Verfügung stehen, nach dessen Ablauf alle Mitarbeiter eine Schulung erhalten haben sollen.

Die Prozessperspektive hat das Ziel, eine Maßnahme ins Leben zu rufen, welche sich bei den internen Abläufen an die neuen Marktgegebenheiten ausrichtet.

Ziel: Dauer einer Angebotserstellung reduzieren

Kennzahl: 5 Tage

Vorgabe zur Kennzahl: 5 Tage dürfen für die Angebotserstellung für einen Kunden nicht überschritten werden

Detaillierte Maßnahmenbeschreibung: Die neue Strategie der Medizin- und Gesundheitstechnik AG sieht ein ganzheitliches Marketing der sieben Produktlinien vor. Das sollte es vereinfachen, Angebotspakete für die ganzheitlichen Lösungen an die Kunden zu erstellen. Um diese Kundenzufriedenheit in dieser Phase zu steigern, soll das interne CRM System zukünftig eigenständig auswerten, wie lange es von einer Kundenanfrage bis zu einer Angebotsübermittelung dauert. Die Höchstdauer von 5 Tagen sollte nicht überschritten werden.

Im Bereich der Kundenperspektive ist das Hauptaugenmerk darauf, die Bedürfnisse der Kunden durch die neue Strategie besser bedienen zu können.

Ziel: Effizienzverbesserung für die Endkunden

Kennzahl: Ratingergebnis

Vorgabe Kennzahl: mind. 9,5/10 Punkten erreichen

Detaillierte Maßnahmenbeschreibung: Nach Umsetzung der neuen Strategie soll die Effizienz in Krankenhäusern verbessert werden. Um zu überprüfen, ob dieses Ziel erreicht wird, wird eine neue Ratingskala entworfen (1-10), welche die Kunden ein Quartal nach Erwerb der neuen, ganzheitlichen Lösung ausfüllen sollen. Durch die Ratingskala soll permanent überprüft werden, ob die Kundenzufriedenheit durch die neue Strategie verbessert, bzw. auf einem hohen Niveau ist.

Zuletzt betrachten wir die Finanzperspektive. Diese dient den finanziellen Zielen, welche sich aus der neuen Strategie ableiten.

Ziel: Marktanteil ausbauen

Kennzahl: prozentualer Marktanteil

Vorgabe zur Kennzahl: 50% Marktanteil erreichen

Detaillierte Maßnahmenbeschreibung: Die Maßnahme überschneidet sich mit der neuen Strategie des Unternehmens. Die Ausrichtung auf das C-Level Marketing soll dazu führen, den Marktanteil auszubauen und einen Wettbewerbsvorsprung vor den Konkurrenten zu erlangen.

# 5 Unternehmensethik

## 5.1 Praxisbeispiel

Die Volkswagen AG ist neben ihrem Finanzdienstleistungsbereich einer der größten deutschen Autokonzerne Deutschlands mit einem Gesamtjahresumsatz von 252,6 Mrd. Euro. (Volkswagen, 2019)

Im Jahr 2015 ereignete sich der sogenannte „Abgasskandal" um den Autohersteller, der eine Software in knapp 11 Millionen Fahrzeuge eingebaut haben soll, um die Abgaswerte in den Tests unter die zulässigen Grenzen zu drücken, während die Werte im normalen Fahrbetrieb über den zulässigen Höchstgrenzen lagen.

Im Laufe des Jahres 2015 sah sich der Konzern Vorwürfen der US-Umweltbehörde EPA ausgesetzt, die eine Manipulation vermuteten.

Der zunehmende Druck auf den Konzern führte im September 2019 dazu, dass VW vor der Umweltbehörde EPA ein Eingeständnis machte, die Software in einigen Modellen eingebaut zu haben. Laut dem Konzern seien lediglich die Dieselfahrzeuge betroffen, in den USA beträfe dies ca. 480.000 Fahrzeuge. Martin Winterkorn, damaliger Konzernchef kündigte daraufhin eine möglichst rasche und umfassende Aufklärung der Vorfälle an. Wenige Tage nach dieser Ankündigung tritt er im Zuge des Skandals als Chef aus dem Unternehmen ab.

Ende September 2015 berichtet der Konzern von ca. 2 Millionen Fahrzeugen mit manipulativer Software. Eine damit einhergehende Klagewelle führte dazu, dass der Konzern vor großen Kosten stand, auch Rückstellungen von ca. 6,5 Milliarden Euro reichten dafür laut VW nicht aus. (NDR, 2018)

Analysten schätzten die Kosten durch Strafzahlungen, Rückrufaktionen, sowie weiteren entstehenden Kosten auf ca. 30 Milliarden Euro. Bis zu diesem Zeitpunkt rutschte der Aktienkurs des Konzerns vom im Sommer 2015 erreichten Allzeithochs von Marken knapp über 250 Euro je Aktie auf teilweise knapp unter 100 Euro je Aktie. (finanzen.net, 2020)

Am Ende beläuft sich die Rückrufaktion auf 11 Millionen Fahrzeuge und der Absatz der Autobranche von VW sank im Zuge des Skandals ebenfalls um 1,5%.

Alles in allem belief sich der Verlust im 3.Quartal auf 3,5 Milliarden Euro (NDR, 2018).

Im Jahr 2016 begannen die Rückrufaktionen und Softwareuptdates bei den betroffenen Fahrzeugen. Der Konzern verzeichnete einen Absatzeinbruch um 10,5% in Deutschland und knapp 30% in den USA. (NDR, 2018).

In den folgenden Monaten ereilten den Konzern Klagen aus der ganzen Welt, auch einzelne in die Affäre verwickelte Führungskräfte standen vor Gericht. Zudem gab es Verzögerungen bei den Zulassungen der aktualisierten Software, die nun in die Autos eingebaut werden sollte, durch die Staaten, was zu weiterer Mehrkosten und Zeitverzögerungen führt.

Im September 2016 kam über einen am Skandal beteiligten Ingenieur des Konzerns der Fakt ans Licht, dass erste Vorbereitungen für die Manipulationssoftware bereits 2006 gestartet haben. Weitaus früher, als bisher angenommen.

Durch viele weitere Prozesse entstanden dem Konzern bis Ende 2017 bereits mehr als 25 Milliarden Euro kosten.

Anfang 2018 gerät der Konzern erneut in die Schlagzeilen, als er angeblich Affen absichtlich den Abgasen aussetzte, um zu beweisen, dass die Emissionen deutlich reduziert wurden. Dies ließ den Skandal in der Presse erneut aufflammen. Kurz darauf entschied sich VW einen neuen Konzernchef einzustellen, der das Unternehmen auf einen neuen Kurs bringen soll.

Im Juli 2018 belegten aufgetauchte, interne Dokumente, dass viele hochrangige VW-Mitarbeiter schon früh von den geschönten Abgaswerten wussten – scheinbar wurde in den Jahren 2015 und 2016 mehr an Informationen zurückgehalten, als der Konzern damals im Rahmen der Aufklärungsarbeit preisgab.

## 5.2 Unternehmenswerte

Die vom Unternehmen selbst aufgestellten Grundwerte beziehen sich auf 7 Bereiche (VW, 2020):

1. Verantwortung: Wir sind Teil der Gesellschaft. Wir übernehmen soziale Verantwortung. Wir achten auf die Umweltverträglichkeit unserer Produkte und Prozesse und verbessern sie. Jeden Tag.

2. Aufrichtigkeit: Wir tun das Richtige aus innerer Überzeugung. Auch wenn keiner hinsieht. Wir haben keine Angst vor Hierarchien und sagen offen unsere Meinung. Wir hören einander zu und finden gemeinsam die beste Lösung.

3. Mut: Wir sind mutig. Innovativ. Erfinder. Macher. Wir lassen los und denken neu. Wir gestalten die Mobilität von morgen.

4. Vielfalt: Wir sind bunt. Unterschiedlich. Einzigartig. Teil des Ganzen. Wir sind offen. Für andere Denkweisen. Für neue Erfahrungen und Lösungen. Wir begegnen uns mit Respekt. Auf Augenhöhe.

5. Stolz: Wir stehen für nachhaltige Produkte und Qualität. Wir leisten einen wichtigen Beitrag zum Unternehmenserfolg. Mit Leidenschaft. Aus Überzeugung. Wirkungsvoll. Wir sind stolz auf das, was wir tun und wie wir es tun.

6. Zusammenhalt: Wir arbeiten zusammen. Vorbehaltlos und unkompliziert. Weltweit. Wir sind Brückenbauer. Keine Schrankenwärter. Gemeinsam unschlagbar. Wir stehen füreinander ein. Wir sind ein Team.

7. Zuverlässigkeit: Auf uns kann man sich verlassen. Wir tun was wir sagen. Und sagen was wir tun. Aufrichtig. Ehrlich. Was wir versprechen, das halten wir. Wir gewinnen verlorenes Vertrauen zurück.

## 5.3 Wertebruch

Im Rahmen des Abgasskandals hat der VW-Konzern einige seiner selbst aufgestellten Werte grob missachtet und nicht nach ihnen gehandelt.

Der 1.Grundwert des Konzerns, „Verantwortung", wird definiert als soziale Verantwortung, sowie Umweltverantwortung. Beide Arten der Verantwortung werden durch das Unternehmen missachtet. Durch den Einbau manipulierter Software hintergeht das Unternehmen die eigenen Kunden und lässt jede Ehrlichkeit vermissen – auch versucht der Konzern durch dieses Vorgehen die Umweltauflagen bewusst zu umgehen und missachtet diese somit ebenfalls.

Aufrichtigkeit ist der zweite, vom Unternehmen selbst aufgestellte Grundwert. Nachdem man bereits den Ersten Grundwert durch die Software missachtet hat, hält man sich im Rahmen der Aufklärungsarbeit auch nicht an den Wert der Aufrichtigkeit. Informationen werden bewusst zurückgehalten, interne Dokumente nicht veröffentlicht, so dass diese erst knapp drei Jahre später bei Untersuchungen zum Vorschein treten. Eine von Vornerein offene und ehrliche Aufklärungsarbeit aller Beteiligten hätte zumindest diesen Grundsatz in besseres Licht gerückt.

Auch der letzte Grundwert – Zuverlässigkeit – wird durch den Konzern nicht immer strikt befolgt. „Wir tun was wir sagen" heißt es in diesem. Im Rahmen der Aufklärungsarbeit sprach der Vorstand von umfassender und vollkommener Aufklärung des Skandals. Dies setzte man durch das Zurückhalten von Dokumenten und Beweisen allerdings nicht in die Tat um. „Aufrichtig. Ehrlich. Was wir versprechen, das halten wir" sind ebenfalls Aussagen aus dem Grundwert Zuverlässigkeit. Auch diese Aussagen wurden im Rahmen der Ermittlungen nicht umgesetzt, Ehrlichkeit und Aufrichtigkeit wurde nicht an den Tag gelegt und die versprochene Aufklärungsarbeit wurde so auch nicht geleistet – immer wieder kamen neue Enthüllungen ans Tageslicht. „Wir gewinnen verlorenes Vertrauen zurück". Dies gelang dem Konzern unmittelbar nach dem Skandal nicht, bleibt zu wünschen übrig, dass ein neuer Konzernvorstand diesen Satz des Grundwertes umsetzen kann und die Einhaltung der Unternehmenswerte wieder als oberste Priorität sieht.

## 5.4 Konsequenzen

Das Krisenmanagement des Konzerns rund um den Abgasskandal kann als mangelhaft angesehen werden. Vertuschte Informationen, geringer Aufklärungswille seitens der Konzernverantwortlichen, sowie Zurückhaltung interner Dokumente werfen dabei kein gutes Licht auf die Volkswagen AG. Auch der Rücktritt vom damaligen Chef Winterkorn, nur wenige Tage nach seiner Ankündigung zur vollumfänglichen Aufklärung, wirkt im Nachhinein wie eine Flucht vor der Realität.

Die Konsequenzen des Skandals für die internen und externen Stakeholder sind hierbei immens. Zu den internen Stakeholdern gehören z.B. die Mitarbeiter an den VW Standorten & Werken, die sich überall auf der Welt verteilen. Der durch den Vertrauensbruch verursachte Nachfrageeinbruch führte dazu, dass einige Werke zeitweise mangels Nachfrage stillgelegt werden mussten und es darüber hinaus zu Kündigungen von Mitarbeitern kam, obwohl es im Vorhinein eine Absicht gab, dies nicht umzusetzen.

Zu den internen Stakeholdern gehört selbstverständlich auch das Management des Konzerns. Als Folge des Skandals erleben die Funktionäre einen großen Vertrauensverlust. Darüber hinaus müssen sich viele gerichtlich für den Skandal verantworten.

Bei den externen Stakeholdern erlebten die Inhaber von Unternehmensaktien der VW AG starke finanzielle Konsequenzen. So verlor der Konzern binnen weniger Monate mehrere Milliarden Euro an Marktkapitalisierung. Die Aktienkurse brachen ein und somit auch der Wert der durch die Aktionäre gehaltenen Anteile.

Auch Staat und Gemeinden in Deutschland leiden unter den Konsequenzen des Skandals. Als Beispiel wird der VW-Produktionsstandort Emden in Niedersachsen skizziert. Durch fehlende Einnahmen zahlte VW im Jahr keinerlei Gewerbesteuer an die Gemeinde – was einen Verlust von ca. 30-35 Millionen für Gemeinde bedeutete, mit dieser Summe war die Gewerbesteuereinnahme veranschlagt. Damit brachen der Gemeinde in diesem Jahr 50% der Einnahmen aus diesem Bereich weg, was zu einem starken Sparkurs führte. So wurden beispielsweise als Folge aus dem VW-Skandal knapp 80.000 Euro weniger für die Bekämpfung von Ratten veranschlagt, auch an zahlreichen anderen Kostenstellen wurden Einsparungen getroffen. Die Gemeinde rechnete damals damit, dass sich die Situation bis inklusive 2019 nicht ändere, sie also für vier weitere Jahre keine Gewerbesteuer durch VW und seine Zulieferer bekäme. Ähnlich erging es vielen Gemeinden und Städten, in denen VW einen Produktionsstandort betreibt. Meist ist das Werk der größte Arbeitgeber der Region und macht folglich einen erheblichen Teil der Steuereinnahmen aus. (Süddeutsche Zeitung, 2016)

Insgesamt zeigt sich, dass der Skandal sich weit über den eigentlichen Vorwurf der manipulierten Software hinaus erstreckt. Umweltbehörden weltweit schalten sich in die Affäre ein, Aktionäre verlieren enorme Summen ihres Kapitals und kleine Gemeinden in Deutschland müssen Einsparungen an allen Ecken und Enden vornehmen – und das ist nur ein kleiner Auszug der Folgen, die vermutlich durch den Abgasskandal entstanden sind.

# 6 Literaturverzeichnis

Haake, K., Seiler, W (2012). Strategie-Workshop: In fünf Schritten zur erfolgreichen Unternehmensstrategie (2.Aufl.). Verlag: Schäffer-Poeschel

Reisinger, S., Gattringer, R. & Strehl, F. (2013). Strategisches Management: Grundlagen für Studium und Praxis. Verlag: Pearson

Welge, M., Al-Laham, A. (2008). Strategisches Management: Grundlagen – Prozess – Implementierung (5.Aufl.). Verlag: Gabler

Müller-Stewens, G., Lechner, C. (2011). Strategisches Management (4.Aufl.) Verlag: Schäffer-Poeschel

BMG. (o. J.). *Gesundheitswirtschaft im Überblick.* Bundesgesundheitsministerium. Abgerufen 20. Juni 2020, von https://www.bundesgesundheitsministerium.de/themen/gesundheitswesen/gesundheitsw irtschaft/gesundheitswirtschaft-im-ueberblick.html

NDR 1. (2018, August 7). *Chronologie einer Abgasaffäre.* NDR. https://www.ndr.de/nachrichten/niedersachsen/braunschweig_harz_goettingen/Die-VW-Abgas-Affaere-eine-Chronologie,volkswagen892.html

Süddeutsche Zeitung (2016, Januar 31). *VW - Folgen der VW Affäre.* Slavik, A. https://www.sueddeutsche.de/wirtschaft/volkswagen-folgen-der-vw-affaere-emden-muss-bei-rattenbekaempfung-sparen-1.2841796

VW. (2020, Februar 28). *Volkswagen Business Performance.* Volkswagen. https://www.volkswagenag.com/de/news/2020/02/volkswagen-group-with-positive-business-performance-in-2019.html

VW. (o. J.-b). *Volkswagen Grundwerte.* Volkswagen AG. Abgerufen 18. Juni 2020, von https://www.volkswagenag.com/de/group/volkswagen-group-essentials.html

# 7   Abbildungs- und Tabellenverzeichnis

## 7.1   Abbildungsverzeichnis